René Millet

L'Évolution coloniale

Essai

Le code de la propriété intellectuelle du 1er juillet 1992 interdit en effet expressément la photocopie à usage collectif sans autorisation des ayants droit. Or, cette pratique s'est généralisée dans les établissements d'enseignement supérieur, provoquant une baisse brutale des achats de livres et de revues, au point que la possibilité même pour les auteurs de créer des œuvres nouvelles et de les faire éditer correctement est aujourd'hui menacée. En application de la loi du 11 mars 1957, il est interdit de reproduire intégralement ou partiellement le présent ouvrage, sur quelque support que ce soir, sans autorisation de l'Éditeur ou du Centre Français d'Exploitation du Droit de Copie , 20, rue Grands Augustins, 75006 Paris.

ISBN : 978-1981106943

10 9 8 7 6 5 4 3 2 1

René Millet

L'Évolution coloniale

Essai

Table de Matières

Introduction — 6

Section I — 7

Section II — 10

Section III — 12

Section III — 14

Section IV — 17

Section V — 20

Section VI — 26

Section VII — 31

Introduction

Il est arrivé plus d'une fois, en France, que les idées étaient en avance sur les faits. Pour le mouvement colonial, c'est le contraire : les faits sont en avance sur les idées. Nous avons un grand empire, et nous hésitons encore à nous reconnaître le génie colonisateur. Nos explorateurs parcourent l'Afrique ; mais il est entendu que nous sommes une race sédentaire. Quatre cent mille Français transforment l'Algérie ; mais nous sommes incapables de nous expatrier. Le commerce extérieur de nos colonies dépasse un milliard et demi ; mais nous n'entendons rien au commerce. Konakri sort de terre et supplante Sierra Leone ; mais chacun sait que nous sommes toujours battus par les Anglais. Le dernier recensement montre qu'en cinq ans huit mille Français de plus se sont établis en Tunisie ; mais nous ne savons pas tirer parti de nos possessions. Cette même Tunisie est citée, à l'étranger, comme un modèle de bon gouvernement ; mais nous ignorons l'art de gouverner les indigènes !

Quand on cherche les raisons de cette injustice envers nous-mêmes, on en trouve beaucoup de petites, qui ne laissent pas d'en faire une grosse. Les entreprises lointaines troublent la quiétude d'un certain nombre d'intellectuels, qui s'arrangeraient d'une décadence aimable. Ils estiment, comme les Anglais, que la France devrait se contenter d'être un lieu de rafraîchissement pour le genre humain : *the playground of humanity*. Les diplomates de l'ancienne école ne veulent pas sortir d'Europe et considèrent que toutes nos querelles se videront sur le Rhin. Plus encore que les diplomates ou les sceptiques, les collectivistes détestent les colonies, parce qu'elles infligent de cruels démentis aux dogmes de l'égalité absolue et de la propriété collective. Comment, en effet, dès qu'on franchit les mers, nier qu'il y ait des races inférieures ? et comment supprimer, avec le capital, le nerf des grandes entreprises ?

Mais toutes ces résistances ne pourraient se former en faisceau, si elles n'étaient favorisées par une certaine indifférence de l'opinion publique. Dans la carrière coloniale, la France hésite encore, parce qu'elle n'a pas la foi.

« J'entends par la foi, dit Guizot, cette confiance dans la vérité qui fait que, non seulement on la tient pour vraie,… mais qu'on lui reconnaît le droit de régner sur le monde et de gouverner les faits. » Or, c'est justement cette confiance qui nous manque.

Aux yeux de la majorité des Français, les acquisitions coloniales ne sont que des épisodes. Elles ne rentrent pas nécessairement dans le cadre de leur vie nationale. Elles ne se rattachent à aucune de leurs conceptions favorites. Elles sont en dehors des systèmes qu'ils ont élaborés sur la marche de l'humanité. De là, sans doute, leur facilité à s'en détacher. Nous sommes ainsi bâtis qu'un *fait* ne nous paraît légitime et n'acquiert chez nous droit de cité qu'à la condition de devenir *idée*, c'est-à-dire de se mettre d'accord avec notre explication générale du monde.

D'où procède le mouvement colonial ? Quelle place tient-il dans l'histoire de la civilisation et dans nos propres destinées ? C'est ce que je voudrais tâcher d'éclaircir, en marquant d'un trait rapide les bonds successifs par lesquels l'Europe a pris possession du globe

Section I

Rappelons d'abord la configuration du monde antique, si différent du nôtre. A cette époque, l'Europe n'est qu'une expression géographique. Elle désigne la rive septentrionale de la Méditerranée. La civilisation oscille autour de cette mer intérieure comme une sphère autour de son axe. Tantôt elle penche vers l'Asie et atteint, avec Alexandre, les bords de l'Indus. Tantôt elle incline vers l'Occident et touche, avec César, les rivages de la Bretagne. Mais elle est sans cesse ramenée vers son centre de gravité, vers ce beau lac orageux, où viennent se heurter, se combattre ou se fondre les vents contraires et les génies opposés de trois continents. La domination romaine la fixe un instant dans ce cadre harmonieux, et donne, pour un temps très court, l'illusion d'une éternelle durée.

Ce qui caractérise cette première période d'expansion, c'est le mélange de toutes les races et de toutes les religions. Le Romain pétrit ce mélange à sa guise. Il sacrifie, sans hésiter, aux dieux étrangers ; il leur ouvre ses temples, et derrière les dieux les peuples vaincus entrent dans la cité. La civilisation romaine gagne ainsi non seulement des territoires, mais des âmes ; elle est moins étendue en surface que la nôtre, mais elle agit davantage en profondeur. C'est pourquoi on ne se lasse pas de lui demander des exemples et des leçons.

Toutefois ce monde romain est immobile. La Méditerranée exerce sur lui une attraction qui l'empêche de se développer. Il se suffit à lui-même, il ne cherche rien au-delà. Quelques marchands atteignent l'Inde ou la Chine, mais ils ne forment point d'établissements. La plus grande partie du commerce lointain se fait par intermédiaire. La navigation est timide et ne s'éloigne pas des côtes. L'homme de la Méditerranée redoute les grands espaces, que ce soient les vastes plaines du nord de l'Europe, les plateaux de l'Asie centrale, ou les solitudes marines, où il erre sans boussole, sur la foi intermittente des astres.

De plus, un certain matérialisme limite ses destinées : l'esprit romain n'est pas, comme jadis la pensée grecque, affranchi du temps et de l'espace. Les bornes de l'empire lui paraissent celles mêmes de la civilisation. Donc la civilisation sera stationnante, parce que l'Etat ne peut croître indéfiniment. Elle tourne en cercle autour de son berceau. N'est-ce pas la cause de la tristesse qui envahit les plus grands cœurs ? L'empereur Marc-Aurèle a, malgré lui, la nausée de ce monde fermé qu'il gouverne : « La vie, dit-il, ressemble aux spectacles de l'amphithéâtre dont on se dégoûte à force de voir toujours les mêmes choses… Celui qui a vu le temps où il vit atout vu, car tout se ressemble… Ainsi donc jusques à quand ? »

Le christianisme se chargea de répondre. Il vint renouveler la face de l'Europe, et lui ouvrir de nouvelles destinées, mais au prix de quelles ruines !

Tout d'abord, le déclin rapide de l'empire qu'il semblait devoir consolider. Le christianisme, né en Asie, et pénétré pendant quatre siècles de philosophie grecque, était fait pour rallier tous les peuples des bords de la Méditerranée : il les conquit promptement. Lorsque l'empire devint chrétien, on put s'imaginer que l'unité religieuse achevait l'unité politique.

Il en fut pourtant tout autrement. Certes, la force expansive du christianisme était presque indéfinie. Il offrait, sur les religions antiques, cet avantage d'échapper à la servitude des cultes locaux, de planer au-dessus des acropoles, et de pouvoir se transporter facilement partout où un chrétien planterait une croix. Ce fut plus tard une des forces de l'Europe nouvelle. Mais le premier effet fut d'ébranler les bases étroites sur lesquelles reposait l'empire, et d'affaiblir sa résistance contre les barbares. Comment demander à des âmes qui venaient de découvrir l'éternité de s'intéresser à cet établissement passager ? Comment retenir sur terre des hommes qui couraient à la mort pour coloniser le monde invisible ?

Ce premier feu d'enthousiasme devait peu à peu se refroidir. Ce qui fut plus grave, c'est la transformation du christianisme en religion d'Etat. On renonçait à cette large tolérance que la sagesse de Rome avait longtemps pratiquée à l'égard des cultes étrangers. Or, on peut construire un vaste empire avec les races les plus diverses, quand on leur demande seulement d'obéir. Mais, lorsqu'on exige qu'elles croient, les dissentiments éclatent.

Le premier craquement de l'édifice se fit par les hérésies ; elles mirent à nu l'opposition du génie grec et du génie latin, que le ciment romain avait fondus ensemble. Le second craquement, plus formidable encore, se produisit à l'apparition de l'Islam, dont les conquêtes foudroyantes enlevèrent à la chrétienté toute l'Asie antérieure, l'Afrique et les trois quarts de l'Espagne.

On vit alors la question de race prendre une importance qu'elle n'avait pas dans l'antiquité, et qui devait être la source de nos plus grandes difficultés, sans doute parce que la religion, touchant au fond intime de l'être, varie avec les caractères essentiels des races. Les peuples de l'Asie et de l'Afrique se rallièrent aisément à des conceptions religieuses qui anéantissent l'homme devant Dieu. Au contraire, notre religion plus humaine, avec ses commandements précis, sa double hiérarchie, l'une visible et l'autre invisible, et la place considérable qu'elle accorde à l'individu, s'empara de ces peuples du Nord, qui avaient une parenté lointaine avec les Latins, une imagination ardente et le culte de l'énergie personnelle. Ils constituèrent la société nouvelle.

Mais ce que l'Europe gagnait au Nord, elle le perdait au Midi. Et ce n'était pas seulement des territoires qu'elle abandonnait : à mesure qu'elle s'éloignait de la Méditerranée, elle s'isolait davantage des centres civilisés. A partir du VIIIe siècle, l'Europe retombe en enfance. C'est une enfance pleine d'énergie, de foi, de vitalité, mais aussi d'ignorance et de grossièreté. A cette époque, la richesse, l'élégance des mœurs, la curiosité d'esprit, le goût artistique, se trouvent à Byzance, à Bagdad, à Cordoue : l'Europe proprement dite, y compris Rome, est plongée dans les ténèbres.

Cependant, du chaos féodal, se dégage peu à peu le futur Européen. Il a oublié l'histoire de ses origines. Dès qu'il s'éloigne de sa taupinière, il ouvre sur le monde des yeux étonnés. S'il pousse l'audace jusqu'à traverser la Méditerranée sur un mauvais bateau, cette promenade en mer prend à ses yeux les proportions d'une épopée ; on n'en est pas quitte à moins de quelques milliers de vers. Ce sont pourtant les petits-fils de ce géant maladroit qui découvriront l'Amérique, et c'est de lui que nous sortons : ses premiers pas hors du donjon natal déterminent une ère nouvelle.

Section II

Il commence par des erreurs touchantes et colossales. L'élan des croisades, qui nous séduit comme un conte de fées, n'aboutit qu'à une dépense d'héroïsme inutile. Aucun des établissements que les barons chrétiens fondèrent en Orient ne se montra viable. Les plus solides disparurent après un siècle d'existence. Leurs derniers défenseurs se cantonnèrent dans des îles ou dans des châteaux forts. Ce n'est pas que ces hommes bardés de fer fussent moralement invulnérables : l'Église trouvait au contraire qu'ils se transformaient trop vite au contact des indigènes, et qu'en perdant leur rudesse, ils compromettaient leurs vertus. Tout essai de transaction avec les infidèles lui était suspect. Elle préférait la gaucherie sublime d'un saint Louis à l'adresse équivoque d'un Frédéric II.

Un moment toutefois, la Méditerranée faillit redevenir le centre de la civilisation. Des alliances s'ébauchèrent entre des races qui s'étaient longtemps méconnues. Cette période s'étend depuis les croisades jusqu'à la fin du XVe siècle. Stériles en politique, les croisades avaient du moins commencé l'éducation du Pantagruel européen. La curiosité des esprits s'éveilla. Des voyageurs visitèrent les contrées lointaines. Le commerce, les arts, sortirent de leur assoupissement. Les peuples du Midi de l'Europe, moins rudes que ceux du Nord, renouvelèrent, sous une autre forme, la vie des anciennes républiques. Venise, à son apogée, promena ses vaisseaux sur toutes les mers connues et sema ses comptoirs sur tous les rivages. Chrétiens et musulmans se fréquentèrent sans se vouer mutuellement à la damnation éternelle. En Espagne particulièrement, les deux religions, impuissantes à se supprimer, furent bien forcées de vivre côte à côte. De la prise de Cordoue à celle de Grenade, il y eut, entre les deux croyances, de fréquents compromis, que les moines espagnols omettent volontiers dans leurs chroniques. Il ne leur plaît guère qu'un Alphonse le Sage fit collection de manuscrits arabes, ou qu'un Pierre le Cruel vécût à la manière d'un souverain oriental, ou même qu'un sultan de Grenade fût le vassal très respectueux du Roi Catholique ; et peut-être l'histoire écrite eût-elle réussi à étouffer ces scandales, si les monuments ne sortaient de terre pour les attester.

Si l'âge des croisades offre quelque chose ; des traits de l'enfance, ces deux siècles sont comparables à l'éveil de l'adolescence, alors que tous les objets nouveaux la sollicitent également et qu'elle se répand au dehors avec plus d'ardeur que de réflexion.

Mais il ne semble pas que cette précoce expansion ait modifié le fond de l'âme européenne, au moins dans ses rapports avec les races étrangères. Sous l'élégance des mœurs, la dureté primitive subsistait. Le préjugé chrétien conservait toute sa force Les récits du temps montrent que le chrétien le plus scrupuleux ne se considérait pas comme lié par la parole donnée à un infidèle. Parmi les chevaliers captifs du More, il ne s'est pas rencontré beaucoup de Régulus. Peut-être, à cette fleur de civilisation méridionale qui s'épanouissait sur les décombres du monde antique, le temps manqua-t-il pour produire tous ses fruits. Venise, sans cesse menacée, n'eut pas le loisir de se montrer clémente. Fille lointaine de Rome et de Carthage, elle allia trop souvent la cruauté romaine à la foi punique, Elle ne jouit point de cet apaisement qui permit à Rome de réparer les ruines qu'elle avait faites et de se montrer bienfaisante aux vaincus. Du côté des musulmans, le délicieux royaume de Grenade, dont les débris nous charment encore, n'était qu'une plante sans racines. Il avait rompu ses attaches avec l'Afrique et ne tenait à l'Espagne que par un fil. Les leçons de tolérance qu'il donnait aux Etats chrétiens ne leur profitèrent pas.

En somme, cette première reconnaissance de l'Europe autour de son berceau manqua de suite et de direction. Elle fut désavouée par l'Église, qui répugnait au mélange des peuples et des croyances. Elle fut de plus contrariée par la croissance des grands États du continent, dont la lente poussée atteignait les rivages et resserrait peu à peu le domaine des républiques maritimes.

Section III

Deux événements presque contemporains creusèrent, entre l'Islam et la Chrétienté, un fossé bien plus profond que ne le firent jamais les luttes les plus furieuses des âges précédents. C'est la prise de Constantinople par les Turcs en 1453 et la prise de Grenade par les chrétiens en 1492. Quoique ces faits mémorables fussent, en apparence, opposés, ils eurent le même résultat, qui fut d'interrompre le courant de la civilisation à ses deux extrémités. En Orient, les Turcs écrasèrent la civilisation qui florissait à Bagdad et fermèrent les chemins de la Perse. Ils contribuèrent plus qu'aucun peuple à imprimer à l'Islam ce cachet d'immobilité que nous avons pris longtemps pour le trait essentiel de cette religion et qui n'en est que le dernier vêtement. En Espagne, la rupture fut plus complète encore, car le fanatisme était égal des deux côtés. Lorsqu'ils entrèrent à Grenade, les Espagnols brûlèrent tout ce qu'ils purent trouver de livres arabes. Pendant un siècle, ils s'acharnèrent sur les restes de ces malheureuses populations, jusqu'à ce que le dernier Morisque eut emporté avec lui le peu d'industrie que l'Espagne possédait. Sur l'autre rive, les Berbères d'Afrique ne sortaient de leurs repaires que pour courir sus aux chrétiens. L'expérience qu'ils liront de la domination espagnole pendant le XVIe siècle n'était pas de nature à les réconcilier. Ce fut un recul pour la civilisation, si son caractère est d'être universelle, Quelques lieues de mer, de Gibraltar à Tanger, mettaient plus de distance entre les peuples qu'il n'y en eut bientôt entre l'Europe et l'Amérique.

Le nouveau monde s'ouvrit, en effet, pour l'Europe, au moment même où l'ancien semblait se fermer. Les Portugais faisaient le tour de l'Afrique dans le temps que l'Egypte était interdite aux Européens, et la reine Isabelle accueillit Christophe Colomb sur les ruines de l'Alhambra.

L'Européen qui se ruait sur ces nouvelles conquêtes était presque aussi fanatique que son ancêtre, l'homme des Croisades. Mais il était plus âpre à la curée et beaucoup plus avancé dans les arts matériels. C'est le caractère de notre civilisation que les sciences exactes ont marché d'un pas plus rapide que la connaissance de l'homme. Nos pères avaient déjà découvert la boussole et la poudre à canon, alors qu'ils ignoraient tout des peuples qui n'ont pas la même couleur de peau que nous.

Dès cette époque, l'Européen s'admire exclusivement. Il se considère comme prédestiné, d'institution divine, à exploiter le reste du monde et déteste cordialement tout ce qui ne lui ressemble pas. D'autre part, n'ayant pas réussi à étendre son domaine, par voie d'accroissement naturel, autour de la Méditerranée, il se lance, avec un courage admirable, dans les aventures lointaines, et bientôt la grandeur de la scène, les conséquences incalculables des découvertes, l'importance de l'œuvre accomplie, lui cachent l'extrême faiblesse de ses procédés de gouvernement. Le terme de colonie évoque alors l'idée du risque à courir, des coups de fortune, des Eldorados rapidement conquis ou perdus.

Si les hommes de ce temps avaient été plus pondérés, peut-être n'auraient-ils pas accompli de si grandes choses. Leur intelligence peu éclairée, leur âme éprise, comme a dit le poète, « d'un rêve héroïque et brutal, » disposaient de moyens de destruction formidables. Des hommes qui peuvent beaucoup plus qu'ils ne savent sont les plus dangereux des conquérants ; mais ils en sont aussi les plus hardis, parce que rien ne les arrête.

Quoi qu'il en soit, cette première prise de possession du globe eut tous les caractères de la plus odieuse conquête. Asservir les peuples, exploiter les richesses du sol sans en renouveler la source, couper l'arbre pour cueillir le fruit, telle fut l'œuvre de ces fameux *conquistadores*. C'est à peu près ce qu'on reproche à la conquête musulmane. Il faut y ajouter les bûchers de l'Inquisition que ne connurent jamais les musulmans. L'Européen, ce futur maître du monde, se montra là sous un jour peu favorable. C'était un carnassier d'une espèce supérieure, mieux outillé, plus sûr de lui, mais il n'apportait avec lui aucun principe fécond. Il fit pis

14

encore : par la traite des noirs, il rétablit l'esclavage, au moment même où le servage tendait à disparaître de l'Europe. Débarrassé des freins héréditaires, il semblait n'avoir changé de climat que pour retourner à la barbarie primitive.

La nature se vengea. Par l'attrait du sexe, elle mêla le sang de ce maître orgueilleux à celui des vaincus et des esclaves. Elle fît ainsi le mélange des races à sa manière, qui n'était pas la meilleure. Les métis héritèrent des vices des blancs plus souvent que de leurs vertus. Les anciennes colonies espagnoles souffrent encore de cette tache originelle. Ayant commencé par détruire les civilisations qui existaient au Mexique et au Pérou, elles ont réduit les indigènes à une condition misérable, puis elles ont subi la lente infiltration du sang indien et du sang noir, sans cesser de mépriser les Indiens et les noirs. Elles perdirent ainsi les deux siècles d'avance qu'elles avaient sur les colonies anglaises.

Section III

Au début du XVIIe siècle, avec les premiers établissements des Hollandais, des Français et des Anglais, les colonies entrent dans l'âge commercial. Pendant deux cents ans, ce sont surtout leurs avantages commerciaux qui frappent l'attention : « Les Espagnols, dit Montesquieu, regardèrent d'abord les terres découvertes comme des objets de conquête : des peuples plus raffinés qu'eux trouvèrent qu'elles étaient des objets de commerce et c'est là-dessus qu'ils dirigèrent leurs vues. »

Le commerce en lui-même n'est pas créateur et des comptoirs ne sont pas une colonie. « Les colons ne se mêlent pas à la population indigène, n'ont sur elle aucune action, ne résident que juste le temps de s'enrichir et retournent dans leur patrie.[1] » Mais on sentit le besoin de faire des établissements fixes et de ne point commencer par détruire ce qu'on voulait exploiter : ce fut là tout le progrès. L'avidité est la même que celle des premiers conquérants ; les procédés sont un peu meilleurs. Ce premier effort de réflexion a de grandes conséquences : du moment que la raison remplace le fanatisme ou l'instinct, on peut en appeler de l'intérêt mal éclairé

---

1 J. Chailley-Bert, *Nouveau Dictionnaire d'économie politique*, article *Colonies*.

à l'intérêt mieux compris, tandis qu'on ne raisonne ni l'instinct ni le fanatisme. Par-là, cet âge mercantile est l'aurore des temps modernes.

On vit paraître alors ces grandes compagnies dont les abus ne doivent pas faire oublier les services : « Les compagnies de négociants, dit Montesquieu, gouvernant ces Etats éloignés uniquement pour le négoce, ont fait une grande puissance accessoire sans embarrasser l'État principal. » Il est vrai qu'il s'empresse d'ajouter : « On a établi que la métropole seule pourrait négocier dans la colonie ; et cela avec grande raison, parce que le but de l'établissement a été l'extension du commerce, non la fondation d'une ville ou d'un nouvel empire. » Ces deux phrases de Montesquieu contiennent toute la vérité et toute l'erreur du système mercantile.

Il ne peut être question ici ni de faire l'histoire de ces établissements, ni d'en mesurer la grandeur. Du premier coup, leur expansion dépassa les entreprises les plus hardies de l'antiquité. L'Européen semblait avoir accumulé, pendant sa longue enfance, des trésors de patience et d'énergie qu'il dépensait magnifiquement ; mais son œuvre est fort inégale, selon qu'on l'envisage du point de vue économique ou du point de vue moral.

Dans l'ordre économique, et à ne considérer que la production de la richesse, l'œuvre accomplie est très belle. S'il y a eu des erreurs commises, si l'exploitation par les compagnies coloniales présentait tous les inconvénients du monopole, ces erreurs sont de celles qu'on peut facilement redresser : elles n'enfantent point des haines inexpiables. Il en est tout autrement du côté moral, c'est-à-dire des relations avec les indigènes, intermédiaires du trafic, quand ils n'en étaient pas l'objet. Sur ce point les trafiquants européens se sont montrés d'une inconscience qui ne laisse pas de surprendre, alors même que la lecture de l'histoire accoutume à toutes les horreurs. Le genre humain ne leur apparaît que comme un bétail à exploiter. Tout ce qu'on a gagné sur l'âge de la conquête, c'est un peu de cette prévoyance que le berger le plus obtus montre pour la conservation de son troupeau. Encore ces ménagements ne tiennent-ils pas devant un intérêt immédiat. On rougit de penser que, pendant plus de deux siècles, le commerce du « bois d'ébène » a dépeuplé l'Afrique, et qu'en plein XIXe siècle, une grande puissance a fait la guerre à la Chine pour lui imposer l'usage dégradant de l'opium. Jusqu'à nos jours, les indigènes vivant sur les plantations ou dans le voisinage des factoreries étaient-ils, du moins, mieux traités ? Ecoutons Voltaire : « Nous leur disons qu'ils sont hommes comme nous, qu'ils sont rachetés du sang d'un Dieu mort pour eux, et ensuite, on les fait travailler comme des bêtes de somme ; on les nourrit plus mal. S'ils veulent s'enfuir, on leur coupe une jambe, et on leur fait tourner à bras l'arbre des moulins à sucre, lorsqu'on leur a donné une jambe de bois. Après cela, nous osons parler du droit des gens ! » Mais peut-être Voltaire exagère ? Voici ce qu'écrit un économiste contemporain : « Presque partout où les races inférieures sont entrées en contact avec les races appelées supérieures, elles en ont éprouvé le plus grand dommage… Les Européens leur ont communiqué ce que la civilisation a de moins noble, et ils ont négligé de les munir en même temps des freins plus ou moins puissants qu'elle tient en réserve. Ces races inférieures se sont, à leur école, peu à peu abâtardies et elles ont perdu toute force de résistance… Le désir de vivre s'est, en quelque sorte, retiré d'elles.[1] »

Pouvait-il en être autrement ? Ces Européens qui avaient échoué dans la tâche, pourtant assez simple, d'attirer à eux les peuples des bords de la Méditerranée ; ces chrétiens qui faisaient profession de haïr mortellement leurs pareils les plus proches, à savoir les juifs et les musulmans sortis, comme eux, du sein d'Abraham, devaient-ils montrer plus de scrupules ou plus d'humanité, lorsqu'ils étaient transportés à quelques mille lieues de leur clocher, en face de païens idolâtres ? Ne se jugeaient-ils pas pétris d'un autre limon que les autres peuples de la terre ? Ces navigateurs ou ces marchands, si fiers de leurs arts, avaient beau courir jusqu'aux extrémités du monde habitable : pour le maniement des peuples et pour la connaissance des hommes, ils ne valaient pas le dernier des proconsuls romains. Les colonies d'exploitation pouvaient bien les enrichir, elles ne suffisaient pas à préparer l'avenir ni à répandre la civilisation.

---

1 J. Chailley-Bert, *loc. cit.*

Section IV

Je dirais volontiers, en forçant un peu le sens des mots : les Européens, n'ayant pas réussi à civiliser le globe, se résignèrent à le peupler. Ou, si l'on veut, ayant à résoudre les deux termes du problème colonial, à savoir l'occupation des terres et le gouvernement des races, ils se tirèrent d'embarras en supprimant le second. Dès qu'ils se trouvèrent seuls face à face avec la nature brute, ils reprirent tous leurs avantages et firent des progrès merveilleux. Bientôt la colonie de peuplement rejeta dans l'ombre toutes les autres.

Comment des groupes d'Européens, fuyant la mère patrie, transportèrent en Amérique leur humeur fière et leurs institutions libres ; comment ils nouèrent avec la métropole des relations tantôt pacifiques et tantôt belliqueuses ; comment, fortifiés par des apports incessants, ils traitèrent d'égal à égal avec la vieille Europe ; quelle part prépondérante prit la race anglaise dans ce magnifique développement, et comment elle profita des guerres du continent pour nous supplanter ; comment enfin d'autres Etats anglo-saxons surgirent dans les déserts de l'Australie, c'est l'histoire d'hier.

Quant aux indigènes, on sait ce qu'ils deviennent et quelle destruction sans pitié recouvre l'euphémisme de refoulement. On les cantonne dans des réserves où leur industrie pastorale ne peut se déployer. L'eau de feu achève l'œuvre de la politique. Auprès de cette douceur évangélique, la domination espagnole paraît humaine, car, si elle opprimait l'indigène, du moins elle le laissait vivre. Celle-ci l'extermine avec méthode et lui démontre, par surcroît, que tous les torts sont de son côté. Dieu nous garde d'une pareille philanthropie !

Ce meurtrier a, du reste, la conscience parfaitement tranquille. Que dis-je ? il tire vanité de sa puissance destructive. Il s'intitule avec complaisance : *the only extirpating race*, c'est-à-dire la seule race à l'ombre de laquelle la plante humaine ne puisse pas vivre. Le soir, sa tâche remplie, il ouvre sa Bible et s'entretient directement avec Jéhovah. Devant la nature passive ou hostile, l'égoïsme transcendant du pionnier devient légitime. Il est le dieu de la matière vaincue. Rien n'entrave sa liberté, ni le contact de la misère des autres, ni les routines d'une administration compliquée. Il réduit la vie collective à la stricte nécessité, et simplifie les rouages du gouvernement comme il simplifie ses machines. Ainsi se forme un nouveau type d'Européen, plus affranchi de préjugés, plus naïvement épris de lui-même. Chose étrange, ce vaste mouvement d'expansion, qui devait transformer le monde, fut d'abord à peine remarqué des contemporains, tant ils étaient uniquement attentifs aux colonies d'exploitation. Montesquieu parle à peine des colonies anglaises de l'Amérique du Nord, et Voltaire dit textuellement : « Ces colonies n'approchent pas des riches contrées de l'Amérique espagnole. »

En revanche, nos publicistes ne voient plus qu'elles. On peut dire qu'ils en perdent la tête. L'Europe, après avoir vécu si longtemps sur elle-même, jette un regard sur le globe et se sent débordée. Elle aperçoit, de l'autre côté de l'Atlantique, une nouvelle Europe qui lui renvoie son image agrandie, et une autre encore, aux antipodes, sur le continent australien. En face de cette civilisation de forme et d'esprit insulaires, elle en voit surgir une autre, tout aussi colossale, c'est la civilisation russe, qui rejoint, par des dégradations insensibles, le caractère asiatique, et dont on ne peut dire si l'empire finit à Vladivostok ou si la colonisation commence aux portes de Moscou.

Devant un tel spectacle, on conçoit que l'Europe frémisse et se compte, et soit gagnée à son tour par le vertige du nombre ; qu'elle parle d'union latine, de panslavisme, de pangermanisme, de fédération anglo-saxonne. Il semble que, par-dessus les frontières et les océans, les peuples de même origine vont se tendre la main, et que, la prépondérance restant aux plus nombreux, les autres seront écrasés.

Dissipons ce fantôme inventé par l'orgueil de race. Les nouveaux Etats sont assez redoutables par eux-mêmes, sans qu'on nous menace d'une absorption complète. Que l'usage d'une même langue établisse des facilités particulières entre les peuples, c'est incontestable. Mais qu'en vertu de la communauté d'origine, ils abdiquent tout à coup leurs rivalités, c'est une aussi forte illusion que ce rêve du moyen âge qui consistait à fondre toute la Chrétienté dans une seule société politique. Comment la grammaire opérerait-elle des miracles que la foi n'a pas pu faire ?

Les sociétés nouvelles obéiront, comme les autres, à la raison d'Etat. L'Européen formera des ligues ou les rompra, selon des convenances qui n'ont rien à faire avec la race. Canadien français, il restera fidèle à la couronne d'Angleterre aussi longtemps qu'il y trouvera son intérêt. Anglais d'Australie, il proclamera bien haut son loyalisme, mais il profitera des embarras de la métropole pour achever sans bruit l'œuvre de son indépendance Et quant à ces effusions sentimentales qu'il est de mode d'échanger d'un bord à l'autre de l'Atlantique, elles sont à la merci d'une querelle de pêcheurs. Les mêmes rivalités qui ont toujours divisé les Européens renaîtront entre peuples de même origine, et les nouveaux conflits ne différeront des anciens que par leur ampleur.

Il y a plus : on peut soutenir que les colonies les plus promptes à se détacher sont précisément les colonies de peuplement, c'est-à-dire celles où l'élément européen agit sans contrepoids. Comment ces sociétés, identiques à la nôtre, et gouvernées par les mêmes mobiles, mais n'ayant ni les mêmes voisins ni les mêmes intérêts, se mettraient-elles éternellement à la remorque de la métropole ?

C'est pourquoi, bien loin de les considérer comme des colonies par excellence, il faudrait plutôt les traiter comme des Etats distincts, animés d'une vie propre, comme des enfants de cet Etat générateur très justement nommé la mère patrie, mais des enfants toujours prêts à s'émanciper quand ils atteignent leur majorité. Les colonies proprement dites seraient alors celles qui, par suite du mélange des races, doivent rester sous la tutelle de la métropole, c'est-à-dire celles où les colons sont entourés d'une population indigène.

Tel est cependant le prestige de la colonie de peuplement dans notre siècle qu'elle a changé le sens des termes usités au siècle dernier. J'ouvre un Dictionnaire d'économie politique et j'y trouve cette définition de la colonie idéale : « Un établissement fondé par les citoyens d'un pays, en dehors des limites actuelles de leur patrie, dans un territoire non encore approprié et destiné dans leur pensée à devenir leur patrie nouvelle. » De sorte qu'un vrai colon devrait tout d'abord renier son ancienne patrie, et qu'il n'est pas même colon, s'il trouve des hommes établis avant lui dans son île ! En vérité, cette définition ne convient même pas à Robinson, car il fut bien aise de rencontrer le nègre Vendredi !

Ce n'est pas une simple querelle de mots. La préférence exclusive donnée aux colonies de peuplement conduit à de singulières erreurs. C'est ainsi, par exemple, que Prévost-Paradol ne voyait de salut pour notre race que dans l'établissement de « 80 à 100 millions de Français sur les deux rives de la Méditerranée, » et, comme c'est matériellement impossible, on conçoit son découragement.

Pourquoi donc mutiler l'œuvre coloniale ? N'est-elle pas double ? N'est-il pas aussi intéressant de coloniser des peuples que des territoires ? Ne pouvons-nous prospérer qu'après avoir fait le vide autour de nous ? Notre civilisation est-elle donc plus incommunicable que ne fut autrefois la grecque ou la romaine ?

Tout fait espérer qu'il n'en est pas ainsi, et qu'une évolution nouvelle se prépare.

Section V

Ce n'est guère qu'au XIXe siècle que les pouvoirs publics ont commencé à s'occuper des indigènes. Mais les missionnaires n'avaient pas attendu si longtemps pour s'intéresser à leur sort. Dès le lendemain des premières conquêtes, ils se mettent à l'œuvre. Ils marchent derrière les armées en tâchant de réparer les maux de la guerre. Quelquefois ils devancent le conquérant. Voilà donc des hommes qui n'obéissent ni à l'instinct belliqueux, ni aux préoccupations mercantiles, ni au désir de propager leur race au détriment des vaincus. Il semble que, par la religion, ils atteindront ce fond de l'a me humaine, qui nous échappe toujours. Ont-ils réussi ?

Dès le XVIe siècle, les missionnaires font les efforts les plus louables pour adoucir la condition des indigènes. Mais ils ne peuvent y parvenir qu'en les séparant complètement des Européens. Sous leur inspiration, le gouvernement met ces Indiens en tutelle et les parque dans des territoires d'où les Espagnols sont soigneusement exclus. Défense aux blancs et aux mulâtres de s'y fixer (1536). Défense aux marchands d'y séjourner plus de trois jours (1600). Bientôt ces règlements ne suffisent plus. Le voisinage de l'Etat gêne les missions. Elles fondent des colonies religieuses complètement indépendantes. On connaît la fameuse expérience des Jésuites au Paraguay ; ce ne fut pas la seule. Les missions de Californie s'organisent sur le même plan, en 1772 et 1784. « Les efforts des moines qui dirigeaient ces missions tendaient à préserver leur troupeau de tout contact avec les Européens... Il était rare qu'on accordât aux commerçants et aux voyageurs la permission d'y résider plus d'une nuit. Le missionnaire... était le seul intermédiaire entre la mission et le monde civilise.[1] » Cependant, sur le continent américain, cette civilisation leur paraît encore trop voisine. Ils cherchent, dans l'infini des mers, des îles parfaitement isolées ; ils rencontrent les Philippines. Là, du moins, les missions ne risquaient plus d'être dérangées. De fait, elles gouvernèrent ces îles despotiquement jusqu'à nos jours.

Ainsi, ce qui caractérise ces premières tentatives, c'est la défiance des missionnaires pour la civilisation qu'ils représentent. Quelle critique amère de l'Europe par elle-même ! Quant aux résultats, ce jugement de M. Paul Leroy-Beau lieu sur Manille peut s'appliquer à la plupart des colonies religieuses : « Les races indigènes sont parvenues assez rapidement à un premier degré de civilisation, ou plutôt de docilité ; mais elles n'ont pas été plus loin. L'esprit d'initiative manque et l'intolérance se fait sentir par l'exclusion des étrangers. »

L'œuvre des missions se borna longtemps à la conversion des populations sauvages. L'Asie, cet antique berceau des religions, restait rebelle à leur influence. Toutefois, au XVIIe siècle, l'Église faillit reprendre le cours de ces grandes conquêtes qui faisaient entrer dans les filets du pêcheur divin les souverains et les peuples. Et quel champ d'action pour la propagande ! La Chine tout entière, 400 millions d'hommes, la moitié de l'humanité asiatique ! Cette multitude obéissait à la voix d'un grand souverain nommé Kang-hi ; et Kang-hi était dans la main des jésuites français envoyés par Louis XIV. Avec un sens politique supérieur, le Père Bouvet, le Père Gerbillon et bien d'autres comprirent que, pour avoir la Chine, il fallait avoir la cour et les lettrés. Ils les touchèrent au point sensible en leur apportant les sciences exactes. Au peuple épris de traditions, ils offraient des croyances qui ne semblaient incompatibles ni avec le culte des ancêtres, ni avec la sagesse tout humaine d'un Confucius, ni avec l'idée que les Chinois se forment

---

1 P. Leroy-Beaulieu, *la Colonisation chez les peuples modernes.*

de l'Etre Suprême. Kang-hi, ce Constantin de l'Extrême-Orient, proclamait « que le Dieu des Chinois était le Dieu même des chrétiens.[1] »

La rivalité des dominicains et les scrupules de la cour de Rome firent avorter ces belles espérances. Par deux bulles célèbres, en 1704 et en 1742, le pape condamna les complaisances des jésuites pour les croyances locales. On n'a pas à apprécier ici les motifs de la curie romaine : on fait de l'histoire coloniale et non de la controverse. Mais il est certain que cette affaire des Rites « porta aux missions de Chine un coup dont elles ne se sont pas relevées. » Plus tard, la France a fait respecter ses missionnaires à coups de canon. Elle a imposé la tolérance, elle n'a pas conquis la sympathie. Aujourd'hui encore, « les lettrés chinois font peu de cas des chrétiens et nourrissent les plus mauvais sentiments envers eux tous, étrangers et indigènes.[2] »

En ce qui concerne le rôle des missions, la crise du XVIIe siècle me paraît avoir une importance décisive, car il fut démontré que l'idée chrétienne, avec sa rigueur dogmatique, entamerait difficilement les vieilles civilisations.

De nos jours, les progrès des Européens en Afrique ouvrirent de nouvelles perspectives aux missionnaires. La tâche était vaste et digne des ministres du Christ. Il fallait d'abord panser les plaies faites par l'Europe elle-même au continent noir. En pénétrant ensuite sur ce sol vierge, on trouvait des âmes toutes neuves à évangéliser. C'est à peine si ces peuples enfants, malléables comme la cire, portaient l'empreinte d'un fétichisme superficiel. Aucune éducation antérieure ne les avait déformés. De même que le parfait pédagogue prend l'enfant des bras de sa nourrice afin de le pétrir à sa guise, ainsi les missionnaires semblaient tirer leurs néophytes du limon même de la terre africaine. On se mit à l'œuvre avec ardeur. Pour plus de précaution, le Saint-Siège, se souvenant des anciennes rivalités, répartit les « provinces » d'Afrique entre les divers ordres. Les Pères du Saint-Esprit eurent le Congo et la côte occidentale, les Pères Blancs le Niger et l'Ouganda. Il y eut ainsi un partage spirituel de l'Afrique. On tranchait des conflits de dévouement, comme ailleurs on règle des conflits d'intérêts. Tout présageait une

---

1 *Les Missions catholiques en Chine, Revue* du 15 décembre 1886.
2 *Les Missions catholiques en Chine, Revue* du 15 décembre 1886.

abondante moisson.

D'où vient cependant que jusqu'ici la moisson paraît maigre au gré de nos désirs ? Pourquoi les religieux sont-ils devancés partout par les laïques ? Pourquoi des noms d'apôtres s'inscrivent-ils en si petit nombre sur la liste de ces héros qui font le siège de la barbarie ? Est-ce parce que les religieux n'ont point d'armes ? Mais Binger a traversé toute l'Afrique occidentale sans tirer un coup de fusil. Est-ce parce qu'ils sont trop modestes ? Peut-être. Les héros obscurs sont nombreux parmi les soldats de la foi. Pourtant, s'il se rencontrait parmi eux quelque saint Boniface, aussi grand convertisseur que profond politique, sa modestie ne suffirait pas à voiler sa gloire. Qui ignore le nom d'un Lavigerie, bien qu'il n'ait jamais quitté la côte ? L'équitable renommée lui a même tenu compte de ses grands desseins comme s'ils étaient des actes.

Mais les Lavigerie sont rares. Leur influence est éphémère. La plupart des Pères qui évangélisent l'Afrique pratiquent un apostolat, en quelque sorte, sédentaire : ils s'installent, comme de bons bergers, au centre de leur troupeau. Ils exercent autour d'eux une action bienfaisante et limitée. Ce sont des chapelles et des fermes modèles répandues çà et là comme des îlots sur un océan de barbarie. On attend patiemment que les îlots se rejoignent et se soudent les uns aux autres par une sorte de mystérieuse attraction. Cependant l'Islam, moins timide et moins scrupuleux, avance à pas de géant derrière les marchands d'esclaves et les chasseurs d'ivoire. Où il a passé, la Croix perd son pouvoir. Il n'y a presque pas d'exemple d'une population musulmane reconquise au christianisme. Et si l'on pouvait noter sur une carte la marche des deux religions, l'avantage ne serait pas pour la nôtre.

Il y a, de cette inégalité, une cause qui est tout à l'honneur de la religion chrétienne : sa supériorité même la rend plus difficilement communicable. La morale de l'Islam est peu exigeante. Pourvu que le « vrai croyant » fasse les trois prières par jour et invoque régulièrement le nom d'Allah, on le tient quitte du reste. Il peut garder ses femmes et se croiser les bras. Cela est assurément fort commode. De plus, la fraternité musulmane a des complaisances que nous ne pouvons pratiquer. Elle accueille les gens de couleur et mêle le sang des races avec un magnifique dédain des conséquences. Notre religion défend, avec la pureté de la race, la dignité du blanc.

Ce sont des scrupules encombrants, mais nécessaires.

Et pourtant, quand on y regarde de près, ne pourrait-on pas, sans rien sacrifier de l'essence même de cette noble religion, l'accommoder davantage aux têtes crépues ? A Carthage, dans la maison des Pères Blancs, la classe de théologie tient une place énorme : ont-ils besoin, ces vaillants petits Pères, de traîner après eux tout Saint Thomas d'Aquin ? Comme ils ont heureusement simplifié leur costume, qui se compose d'une robe blanche, et leur bagage, qui tient dans un mouchoir au bout d'un bâton, ne pourraient-ils de même alléger leur bagage théologique ? Quelques dogmes fondamentaux, le péché originel, la rédemption, si bien appropriés à la condition des noirs, suffiraient à leur montrer, par des images saisissantes, la bestialité primitive et l'ascension vers la lumière. Y a-t-il des notions plus consolantes pour eux ?

Ces cervelles à peine dégrossies ne comprennent guère mieux les querelles entre chrétiens. Ouvrez les annuaires de nos missions d'Afrique : que trouvez-vous à chaque page ? La description des pays explorés ? Des aperçus profonds sur l'état moral des indigènes ? Non, des mots amers, des réflexions ironiques à l'adresse des missions protestantes. Dans l'Ouganda, on a été jusqu'aux coups. Pense-t-on que ce spectacle soit édifiant ? et qu'il y ait profit à transporter en Afrique les tristes débats qui, à Jérusalem, troublent les Lieux saints ?

Enfin, je souhaiterais que nos missions fussent plus largement ouvertes aux souffles du dehors. Il s'accomplit actuellement un travail immense de reconnaissance du globe. A chaque instant, de nouvelles sociétés surgissent : les publications, les œuvres abondent. Pourquoi les missionnaires restent-ils à l'écart et comme en défiance de ce grand mouvement ? Que ne communiquent-ils aux autres groupes leurs observations et leurs découvertes ? Que gagnent-ils à cet esprit cachottier qui se replie sur lui-même ? Ont-ils oublié que la terre tourne ? Et la méthode de l'isolement, pratiquée sans grand succès au Paraguay, il y a deux cents ans, convient-elle mieux à l'âge des chemins de fer et du télégraphe ?

En somme, le christianisme a conquis toute l'Amérique espagnole. Il s'est implanté sans trop de peine en Océanie. Sous la forme protestante, il a favorisé la diffusion rapide de la race européenne, mais il n'a su empêcher, ni dans l'Amérique du Nord, ni en Australie, la destruction totale des indigènes. Sous la forme catholique, il s'est montré plus humain, plus pitoyable aux races inférieures, moins avide d'avantages terrestres, mais aussi moins préoccupé de progrès matériel. Il s'est attaché au « salut » des âmes plutôt qu'à ces vastes desseins politiques qui ont fait, dans les temps passés, la grandeur de l'Église catholique. Il a reculé devant les transactions hardies qui pouvaient lui livrer les vieux peuples de l'Asie. Dès la fin du XVIIe siècle, l'ère des grandes conquêtes morales a été close et l'œuvre des conversions individuelles a commencé. En Asie, des petits troupeaux perdus au milieu d'agglomérations immenses soutiennent honorablement le nom chrétien, sans modifier le cours général des événements. Il n'en est pas de même en Afrique, ni sur les autres points du globe où les hommes vivent à l'état sauvage. Là, le concours des missions est indispensable. C'est par l'idée religieuse seulement que la civilisation peut pénétrer jusqu'à l'âme du primitif. Sans elle, il n'y a plus que l'exploitation brutale de l'homme par l'homme. Tout le terrain que perd le christianisme est immédiatement gagné par d'autres croyances et surtout par l'Islam. Il semble donc que toutes les confessions chrétiennes devraient se liguer contre l'ennemi commun, à savoir contre la barbarie. En réduisant le christianisme à ses principes essentiels, elles le rendraient plus accessible à des populations dont le niveau intellectuel ne dépasse pas beaucoup l'âge des cavernes. Malheureusement, les Églises se combattent, et le dogme alourdi par quinze ou vingt siècles de théologie n'avance que péniblement à travers les ténèbres de l'Afrique.

A considérer le nombre, le zèle et la qualité des missionnaires, il y a longtemps que le monde habité devrait être chrétien. Il le serait peut-être en effet, si les disciples s'étaient toujours souvenus de la parole du Maître. N'est-ce pas le Christ qui, pour rendre sa doctrine plus simple, plus aisément transportable, la résumée dans un seul précepte : « Aimez votre prochain comme vous-même ? » Et n'a-t-il pas ajouté : « Toute la loi et tous les prophètes sont là ? »

Section VI

La plus grande révolution des temps modernes, c'est que le souci des humbles a cessé d'être le privilège exclusif des religieux : il a passé dans les institutions et dans les mœurs. Cette révolution, qui a bouleversé nos vieilles sociétés, devait modifier plus lentement nos relations avec le reste de la terre.

Au siècle dernier, tel planteur, ardent catholique, faisait fouetter ses nègres sans pitié. Mais ce que la religion n'avait pu accomplir dans le fort de sa puissance, elle le fit avec le concours imprévu de la philosophie. C'est un chrétien, Wilberforce, qui écrit, en 1773, le premier pamphlet contre la traite des noirs. Ce sont des philosophes qui, en 1794, sous la Convention, décrètent l'abolition de l'esclavage. Tel est le premier éveil de la conscience européenne à l'égard des races inférieures.

Quand une vérité est lancée dans le monde, elle ne s'arrête plus, malgré les ruines qu'elle sème sur son passage. En 1812, la traite est abolie dans les colonies anglaises. En 1815, au congrès de Vienne, on voit apparaître, dans les protocoles, une disposition bien nouvelle, qui aurait fait sourire le grand Frédéric : les puissances s'engagent à faire tous leurs efforts pour obtenir l'abolition de ce trafic « hautement réprouvé par les lois de la religion et de la nature.[1] » Les plénipotentiaires constataient la double origine chrétienne et philosophique du mouvement : ils mettaient d'accord Wilberforce et Jean-Jacques Rousseau.

Malheureusement pour nous, Jean-Jacques l'emporta dans les colonies françaises. Tandis que l'Angleterre se contentait d'abolir l'esclavage en 1833, nous ajoutions, en 1848, à l'émancipation complète le suffrage universel et l'égalité des droits. Fâcheuse tendance de l'esprit européen : il ne renonce à l'oppression que pour lui substituer la chimère de l'égalité absolue. Nos lois conviennent aussi peu à certains peuples que la forme de nos vêtements. La Charte des droits n'est pas un article d'exportation. Nos révolutions intérieures ont pu, sans inconvénient, mélanger les classes, parce que ces classes n'étaient séparées que par des barrières artificielles. Mais, entre les différentes races humaines, les barrières naturelles

---

1 P. Leroy-Beaulieu, ouvrage cité.

ne peuvent être abaissées sans une permission de la nature.

D'ailleurs, il n'est pas facile de faire disparaître les conséquences d'une iniquité séculaire. Lorsqu'en 1862, les Etats-Unis, après une guerre sanglante, abolirent à leur tour l'esclavage, ils ne s'en tirèrent pas mieux que nous. Ils donnèrent aux noirs le droit de suffrage et conservèrent le préjugé de couleur. La générosité du yankee fait du nègre un citoyen : elle ne va pas jusqu'à l'admettre à sa table.

Tandis que la philanthropie faisait son œuvre, une révolution du même genre renouvelait les conceptions des hommes d'État. Reprenant le mot de Montesquieu, on pourrait dire, en le modifiant légèrement : jusque-là les Européens n'avaient regardé les peuples étrangers que comme des objets de commerce et d'exploitation ; au XIXe siècle, ils aperçurent qu'ils avaient intérêt à les civiliser, et c'est là-dessus qu'ils dirigèrent leurs vues.

La raison d'Etat est sans entrailles. Il ne faut donc lui attribuer, au moins dans le principe, aucune préoccupation philosophique ou religieuse. Si les principaux Etats de l'Europe s'intéressèrent au sort des populations indigènes, c'est par l'impossibilité de faire autrement, et parce que les territoires vides leur faisaient défaut. Le ressort secret de ces grands changements, c'est toujours la lutte pour l'existence. Jadis, l'Europe avait découvert l'Amérique quand la rupture complète avec l'Islam lui fermait les routes de l'ancien monde. Au XIXe siècle, elle se retourna vers l'ancien monde parce que toutes les places étaient prises dans le nouveau. Et, comme cet ancien monde était peuplé, il fallut bien s'accommoder avec les peuples.

On vit alors des gouvernements qui, jusque-là, n'avaient donné qu'une attention passagère à leurs possessions d'Asie, s'enquérir du sort des habitants, retirer l'administration des mains des marchands qui les opprimaient, transformer une occupation temporaire en établissement définitif, puis, peu à peu, considérer cet établissement comme une partie intégrante de leur empire. La Compagnie des Indes néerlandaises disparaît en 1795. Après de longs tâtonnements, le système du gouverneur Van der Bosch réglemente, en 1830, le travail des indigènes, et Java prend l'aspect d'une ferme hollandaise à laquelle il ne manquerait qu'un peu plus de liberté. La Compagnie des Indes anglaises transfère ses privilèges à la Couronne par le compromis de 1833. Mais les abus ont la vie dure en Angleterre : ils devaient subsister encore vingt ans, jusqu'à la révolte des Cipayes. Il ne fallut pas moins que cette leçon sévère pour vaincre la répugnance de l'opinion anglaise à traiter les naturels comme des hommes. A partir de cette époque, les indigènes furent admis à la gestion des affaires publiques, et, dans le conseil de Calcutta, « l'on vit des chrétiens, des parias, des musulmans et des brahmines siéger côte à côte pour légiférer en commun.[1] » Depuis lors, l'Inde occupe une place prépondérante dans la politique de l'Angleterre. A mesure que le gouvernement britannique sentait les colonies de peuplement prêtes à lui échapper, il s'attachait davantage à cette magnifique possession. Tandis qu'au début du siècle, il la considérait à peine comme une colonie, passant d'un extrême à l'autre, il voulut, à la fin du siècle, que la Reine prit le titre d'Impératrice des Indes. Aujourd'hui, la Grande-Bretagne n'est pas loin de considérer comme le chef-d'œuvre de l'esprit humain ce gouvernement pacifique de 250 millions d'hommes. Rien de si grand, dit-elle, ne s'est vu depuis l'empire romain. Mais Rome avait conquis le monde à sa langue, à ses mœurs, à ses idées ; la civilisation anglaise flotte sur l'Inde sans la pénétrer.

En 1830, la France entre en scène à son tour par la prise d'Alger. Il n'y a peut-être pas d'événement plus important dans l'histoire des races, depuis la prise de Grenade et la chute de Constantinople. Jusque-là, si l'on excepte les colonies espagnoles, émancipées depuis 1825, on ne rencontrait guère que des colons sans indigènes, comme dans l'Amérique du Nord et l'Australie, ou des indigènes sans colons, comme aux Indes. Dans notre Afrique française, après une conquête pénible, à travers mille obstacles et mille erreurs, mais avec une ténacité invincible, nous poursuivons une expérience nouvelle : dompter une population fière sans l'asservir, peupler sans refouler, installer des colons au milieu de la race la plus intraitable qui fut jamais, la même qui avait jadis subjugué l'Espagne, disputé le terrain pendant huit siècles, et qui, vaincue, mais toujours redoutable, avait interdit l'Afrique à ses vainqueurs. Et ce n'est pas seulement le tourbillon insaisissable des cavaliers de Jugurtha que nous avions en face de nous : c'était l'Islam dans

---

1 P. Leroy-Beaulieu, ouvrage cité.

ce qu'il a de plus farouche et de plus intransigeant, l'Islam des marchands et des prophètes, l'Islam qui méprise les beaux parleurs de l'Egypte et de la Perse, et qui ne se laisse point entamer, parce qu'il ne discute pas.

Certes, la puissance qui féconderait ce sol volcanique et durci, et qui apprivoiserait ces cœurs rebelles, pourrait se flatter qu'aucune race ne lui résisterait. Et comme, en matière de conquête morale, le nombre importe moins que la qualité, on peut dire que cette poignée de musulmans, campés sur le terrain de ses premières conquêtes, au nord du lac intérieur qui fut jadis romain, importait plus à la civilisation que tous les musulmans d'Asie.

L'expérience n'est pas terminée. Mais ce qui donne bon espoir, c'est qu'à cinquante ans de distance, nous avons réformé spontanément nos méthodes : nous semblons avoir retrouvé, dans les ruines de la Carthage romaine, l'art de dominer sans exciter la haine et de civiliser sans opprimer.

On ne doit pas abuser du mot « providentiel. » Mais comment qualifier ces courants irrésistibles qui semblent entraîner l'humanité, presque malgré elle, vers un point fixé d'avance ? Telle est la force qui pousse l'Europe, non pas seulement à subjuguer, mais à civiliser les peuples. Tous les dix ans, le mouvement s'accélère par la vitesse acquise. Déjà, les efforts généreux, mais isolés, de la philanthropie ou la lenteur prudente de la raison d'Etat ne suffisent plus : le torrent se grossit continuellement des grandes inventions qui suppriment les distances et qui rapprochent les peuples, des explorations qui les découvrent et de l'industrie qui les mêle. On a célébré sur tous les tons les merveilles de la science et l'audace des explorateurs. On a vu moins clairement que toute cette grandeur matérielle serait vaine si elle n'aboutissait à une conquête morale. A mesure que l'Européen s'éloigne des climats où la race blanche peut vivre et multiplier, il lui faut, ou renoncer à la lutte, ou accepter le concours d'une humanité différente. Comment s'en servir, si on ne la traite avec douceur, si on ne s'efforce de la comprendre ? Notre conception même de la civilisation se modifie. Autrefois, il nous semblait qu'on n'était jamais assez européen. Nous aurions voulu repétrir le monde à notre image. Aujourd'hui, ce besoin d'uniformité paraît puéril. Nous commençons à concevoir le genre humain comme une grande famille où la variété même des types concourt à l'harmonie générale.

La découverte du continent africain, accomplie au cours du XIXe siècle, a déchiré les derniers voiles qui nous cachaient le monde. Pour la première fois, les Européens ont embrassé du regard toute la planète vivante, dont ils n'avaient vu jusque-là que les fragments épars. Aujourd'hui, la Babel humaine se dresse devant nous tout entière, avec sa confusion des langues, depuis les cercles obscurs qui plongent dans la forêt primitive jusqu'au temple grec qui la couronne, et chacune de ses assises, qu'elle ait été posée par l'Islam, l'Inde ou la Chine, porte l'empreinte d'un génie différent.

Quelles sont les parties caduques et les parties solides de ce vaste édifice ? Comment traiterons-nous les indigènes ? Existe-t-il un moyen terme entre la légèreté qui veut tout détruire et le respect superstitieux qui veut tout conserver ? En nous mêlant aux autres peuples, ne risquons-nous pas de compromettre notre caractère propre ? En les tenant à distance, ne perdons-nous pas notre prise sur eux ? L'esprit scientifique lui-même n'est-il pas un obstacle, puisqu'il suppose que les lois du développement moral sont inexorables, et qu'il faut des siècles pour fabriquer un civilisé ? Autant de questions que l'avenir seul résoudra.

Il est impossible d'appliquer la même règle de conduite aux nègres et aux Chinois. L'action des Européens devra se pliera toutes les variétés de l'espèce. Cependant on peut la ramener à quelques principes très simples : elle doit être une victoire sur notre égoïsme et sur notre ignorance.

Sur notre égoïsme, d'abord : nous sommes placés, à l'égard des autres races, comme les Grecs en face des barbares ou comme les anciens Juifs en face des « gentils. » Nous leur offrons la paix, quelquefois même la justice, et ce sont de grands bienfaits. Mais nous ne pouvons-nous résigner à les traiter en frères. Or, nous n'aurons rien gagné tant que nous ne changerons pas les dispositions de notre cœur, tant que nous ne dirons pas, selon l'antique adage : « Ils sont hommes tels que nous sommes… » Parmi ce nombre infini de peuplades qui diffèrent de couleur, de langage, de mœurs et de religion, je cherche une monnaie commune, une petite pièce d'or dont le titre ne soit jamais contesté : je n'en trouve pas de meilleure que l'esprit de charité. Un Livingstone, avec son large cœur, a fait davantage, pour ouvrir le continent noir, que toute la brutalité d'un Stanley.

En second lieu, notre ignorance : elle est incroyable, dès que nous sortons d'Europe. Nous nous imaginons que nous n'avons rien à apprendre des races prétendues inférieures. Interrogez cependant un bouddhiste et un musulman : tous les deux professent la même admiration pour nos arts matériels et le même dédain pour notre philosophie. Ne serait-il pas intéressant de rechercher les causes d'un si touchant accord ? A l'école de ces hommes jaunes ou cuivrés, ne pourrions-nous apprendre tout au moins l'oubli de nous-mêmes ? Avant d'agir sur eux, ne faudrait-il pas discerner les mobiles d'une société qui absorbe l'être humain dans le grand Tout, comme aux Indes, qui le sacrifie à la famille, comme en Chine, ou qui l'enlace dans les liens d'une vaste confrérie flottante, comme l'Islam ?

Espérons qu'avec le temps, un peu de cette lumière qui brille dans nos sciences physiques et naturelles montera de proche en proche jusqu'à la science de l'homme. Il est invraisemblable que nous soyons condamnés à n'exceller que dans le gouvernement de la matière. Un jour viendra peut-être où nos savants, qui s'entendent sur la distance de la terre au soleil, cesseront de déraisonner tous ensemble quand ils parlent des sociétés humaines. Nos philosophes se lasseront de se regarder au miroir ou de peindre une espèce d'homme abstrait qui n'existe que dans leur cerveau. L'idée leur viendra de prendre l'air et de courir le monde pour connaître l'humanité vivante.

Après tout, nous n'avons pas la prétention, je pense, d'avoir tout découvert. Il faut bien laisser une tâche à nos successeurs. Autrement, que ferait la civilisation pendant des millions et des milliards d'années, à moins de tourner en cercle sur elle-même ?

Je ne suis pas inquiet sur ses destinées prochaines. Il lui reste à découvrir le monde moral. Si l'on en juge par la lenteur qu'elle met à toute chose, cela occupera toujours quelques centaines de siècles.

Section VII

Sans embrasser un si vaste horizon, tâchons de marquer, dans cette évolution nécessaire, la place de la France.

Nous avons possédé autrefois un vaste empire colonial, nous l'avons perdu. Pourquoi ?

Avant de répondre, il faudrait jeter les yeux sur la carte et penser à la situation de la France, à cheval sur les deux mers, au carrefour de toutes les invasions. Dès qu'elle veut suivre sa destinée maritime, elle est rappelée brusquement sur le continent. Le miracle n'est pas que la France ait été souvent arrêtée dans sa carrière : c'est d'abord qu'il y ait une France, et qu'elle ne soit devenue ni allemande, ni bourguignonne, ni anglaise. Il s'en est fallu de peu pendant le XVe siècle. Dans ces plaines sans relief qui s'étendent jusqu'au Rhin, nulle complaisance de la nature ne vient à son secours, nulle montagne favorable, nul détroit protecteur ne la défend. Bien loin d'incriminer son énergie, admirons sa force extraordinaire de résistance. Elle combat, pour ainsi dire, la poitrine découverte, et sa frontière du Nord-Est, péniblement conquise, est l'œuvre de la volonté nue.

Une fois lancée dans cette direction, elle ne sait plus où s'arrêter. Ne voyant pas de borne à son élan guerrier, elle n'en conçoit pas à sa puissance, au moins sur terre. Elle s'enfonce à corps perdu dans les querelles du continent. Vainement les plus clairvoyants de ses hommes d'Etat, un Coligny, un Richelieu, un Colbert, essayent de la détourner des guerres religieuses, des guerres dynastiques, des guerres « de magnificence. » Vainement ils lui rappellent qu'elle a des intérêts au-delà des mers : elle les écoute un instant, puis elle retourne verser, sur ce champ de bataille éternel, le plus pur de son sang. Ses gentilshommes croiraient déroger s'ils ne partaient à chaque printemps pour la frontière. Ses princes manqueraient aux traditions de leur maison s'ils ne préféraient aux entreprises lointaines les acquisitions territoriales, ou même leurs intérêts de famille. Pour soutenir les Bourbons d'Espagne ou ceux de Naples, ils abandonnent sans regret le Canada et les Indes.

Dès lors, le prodige, ce n'est pas que la France ait perdu son empire colonial, c'est qu'elle ait trouvé le temps et la force de le fonder. Quand nous étions déchirés par les discordes religieuses, quand l'ennemi était à trente lieues de la capitale, quand il fallait reprendre Saint-Quentin aux Espagnols, Calais aux Anglais, Lille à toute l'Europe ; quand des revers inouïs mettaient à l'épreuve la patience du grand Roi, quand la famine désolait le pays, ou quand l'indifférence de la Cour rebutait les Dupleix et les Lally-Tollendal, il fallait avoir le diable au corps pour s'installer aux Antilles et à la Guyane, pour découvrir le Mississipi, pour créer le Canada et la Louisiane, pour s'emparer des Indes, et pour donner aux Anglais, maîtres de la mer, des leçons dont ils n'ont que trop bien profité.

Toutes les qualités qui font les grands peuples colonisateurs, nous les avons eues : l'audace et l'esprit d'aventure, nos adversaires mêmes le reconnaissent ; — l'instinct migrateur, nos protestants, hélas ! en sont la preuve : malheureusement, l'intolérance royale leur interdisait nos colonies ; — la vertu prolifique, chaque fois que nous échappons aux lois oppressives de la métropole : le Canada, en attendant l'Algérie, est là pour l'attester ; — le talent d'organisation : il suffit de rappeler l'œuvre de Dupleix. Il ne nous a manqué qu'un bon gouvernement. Mais, indépendamment des qualités qui sont communes à tous les peuples colonisateurs, chaque nation a son génie propre et, par suite, son heure favorable. Les Anglais, par exemple, avaient le génie économique et le génie insulaire. Entrés les derniers dans la carrière coloniale, ils se sont montrés particulièrement aptes à l'exploitation des richesses naturelles et à l'œuvre du peuplement. Pour nous, lorsqu'on voudra caractériser notre part dans le mouvement colonial, on dira que nous y avons porté notre *génie sociable*. Nos rivaux eux-mêmes l'avouent à leur manière. Le Français, disent-ils, est trop malléable. Il se familiarise avec les aborigènes. Il perd sa personnalité. Entendez qu'il ne fait pas le vide autour de lui, et qu'il vit en bonne intelligence avec les vaincus. Seuls parmi les Européens, les Canadiens français se sont fait, aimer des indigènes. Aux îles, nos planteurs étaient renommés pour leur douceur envers les esclaves. Dans les pays les plus sauvages où la France a passé, les voyageurs retrouvent son souvenir encore vivace. En un mot, de tous les peuples de l'Europe, c'est le plus humain et le moins infatué. Quand nos anciennes expériences n'auraient servi qu'à faire cette démonstration, elles ne seraient pas inutiles.

Toutefois, avant de mettre en valeur cette partie du patrimoine national, nous devions traverser encore de terribles épreuves. La folle politique d'un Louis XV nous avait détournés des colonies ;

les guerres de la Révolution et de l'Empire nous coupèrent le chemin de la mer.

Pendant un quart de siècle, notre vieux continent ressemble à une immense fournaise de métal en fusion. Le nuage qui s'élève au-dessus de cette fournaise, que ce soit la fumée des batailles ou celle des idées, nous cache le reste du monde. Nos îles, Saint-Domingue, Maurice, sombrent comme des vaisseaux désemparés. La Louisiane est vendue pour un morceau de pain, et c'est à peine si nous tournons la tête. Au-dessus de l'incendie, le rêve gigantesque de Napoléon élève son palais de nuages et achève de nous aveugler.

Quand enfin la fumée de tant de rêves se dissipe, le prestige dure encore et domine tout le siècle. Prestige de la conquête : la France ne peut se résigner à rentrer dans son ancien lit ; elle maudit les traités de 1815. Prestige plus légitime des idées : la Révolution continue et nous absorbe. Voyez, par les lettres, la direction de l'esprit public. Quinet, après Mme de Staël, fait la philosophie de cette révolution, et Michelet en crée la légende. Augustin Thierry cherche, dans nos origines, les titres de la bourgeoisie. Guizot trace le portrait d'une Europe abstraite qui n'aurait point de relations avec le reste de la planète. Tocqueville ne passe l'Atlantique que pour donner des leçons à notre démocratie. Thiers élève à l'épopée impériale un monument d'une telle hauteur qu'il dérobe à nos regards les horizons lointains. Et nos gouvernements, dociles aux fluctuations de l'opinion, ne sortent de chez eux que pour combattre ou favoriser les principes de la Révolution. Un hasard seul les conduit à Alger : l'honneur du drapeau les y retient.

Cependant la voix de quelques penseurs moroses se perd dans le bruit. Chateaubriand écrit : « Nous sommes exclus du nouvel univers où le genre humain recommence. Les langues anglaise, portugaise, espagnole servent, en Afrique, en Asie, dans l'Océanie, sur le continent des deux Amériques, à l'interprétation de la pensée de plusieurs millions d'hommes ; et nous, déshérités des conquêtes de notre courage et de notre génie, à peine entendons-nous parler, dans quelques bourgades de la Louisiane et du Canada, sous une domination étrangère, la langue de Colbert et de Louis XIV. Elle n'y reste que comme un témoin des revers de notre fortune et des fautes de notre politique. »

Il ne fallut pas moins que le canon de Sadowa pour nous réveiller. La France, qui élevait son front dans les nuages, s'aperçut tout à coup que la terre manquait sous ses pieds. Prévost-Paradol jette alors son cri d'alarme : « Si un grand changement politique et moral ne se produit point en France, nous pèserons, toutes proportions gardées, dans le monde anglo-saxon, autant qu'Athènes pesait dans le monde romain… » Il n'avait prévu ni la profondeur de notre chute, ni le miracle de notre relèvement.

C'est un lieu commun de dire que la reprise du mouvement colonial est née de la guerre de 1870, et que nous avons cherché, dans d'autres climats, une compensation à nos défaites. Jamais cependant les partisans des colonies n'ont fait un pareil calcul. La guerre de 1870 a pu donner une nouvelle force à leurs soucis patriotiques, puisqu'elle diminuait encore notre assiette territoriale en Europe ; mais elle ne les a pas fait naître. Même si nous étions sortis de la lutte à notre avantage, même si nous avions enlevé à l'Allemagne les deux millions de citoyens qu'elle nous a pris, notre place serait restée petite dans le monde agrandi. En face des progrès rapides de la grande république américaine, de l'empire russe et de la fédération britannique, nos quarante millions de Français, parqués sur le continent, auraient été promptement débordés. Peut-être même, vainqueurs sur le Rhin, nous fussions-nous rendormis dans l'illusion d'une prééminence qui ne s'exerçait que sur nos voisins immédiats : fausse sécurité, qui aveugla trop longtemps nos hommes d'Etat. De toute manière, il fallait sortir d'Europe pour ne pas déchoir. L'Allemagne le sait bien, elle qui, toute victorieuse qu'elle est, se fraye péniblement un chemin à travers le globe.

Non, les hommes d'Etat de la troisième République, fondateurs de la politique coloniale, les Ferry, les Gambetta, les Barthélémy Saint-Hilaire, pour ne parler que des morts, ne se sont pas dit : Prenons notre revanche hors d'Europe. Mais il a suffi que l'Europe nous fût fermée pour qu'un instinct invincible nous ramenât vers la mer. Un peuple moins vivace que le nôtre se serait découragé, ou bien il se serait contenté de monter la garde sur les Vosges. La France, après avoir barricadé sa porte, a ouvert toutes grandes ses fenêtres sur le monde ; et ce faisant, elle n'a pas agi autrement que l'Angleterre au début du siècle, lorsque, bloquée par Napoléon, elle fondait son second empire colonial. Les peuples, comme les individus, enfantent dans la douleur. Pour contraindre une nation à faire un grand effort, pour renouveler ses conceptions politiques et changer le cours de ses destinées, il faut une de ces secousses terribles qui mettent son existence en question. Les faibles n'y résistent pas, mais les forts se relèvent et déconcertent leurs adversaires par la rapidité de leurs métamorphoses.

La nôtre tient du prodige. La postérité aura de la peine à croire qu'au lendemain de ses défaites, la France ait jeté les fondements d'un empire qui représente vingt fois l'étendue de son territoire, et ajouté cinquante millions de clients à ses quarante millions de citoyens. On peut prévoir que, dans un avenir prochain, cent millions d'êtres humains, appartenant à toutes les races et à tous les degrés de civilisation, s'abriteront sous les plis du drapeau français. Quand cet empire devrait périr demain, cet effort ne serait pas moins l'un des plus mémorables que l'histoire ait enregistrés. Pour le nier, il faut l'aveuglement de l'esprit de parti, ou la frivolité d'un public distrait. Mais, autant qu'on peut en juger, l'œuvre est durable, parce qu'elle est conçue dans le sens de la civilisation et conforme au génie de la France.

S'il est vrai que la colonisation doive s'étendre du domaine matériel au domaine moral, et de la terre aux hommes ; s'il est vrai qu'on ne se contentera plus d'exploiter les richesses du globe, d'asservir les pays habités ou de peupler les pays vacants ; s'il est vrai qu'on s'efforcera de pénétrer le génie des peuples, de respecter leurs coutumes, et de les gouverner par la persuasion autant que par la force ; s'il est vrai enfin que la colonie de l'avenir consistera dans la juxtaposition des races et leur association par le travail plutôt que dans la constitution de groupes exclusifs et homogènes qui se détachent rapidement de la métropole, quelles colonies se prêtent mieux que les françaises à cette noble tentative ? Lesquelles offrent une plus grande diversité de tempéraments, de mœurs, de couleurs et de religions, et, par suite, un plus vaste champ d'expérience ? Et, pour ne citer que l'Afrique du Nord, lesquelles présentent au même degré ce caractère mixte d'une œuvre à la fois matérielle et morale, et d'une double conquête sur la nature et sur les hommes ?

Et, d'autre part, si, pour civiliser le monde, l'Europe doit dépouiller son stérile orgueil ; s'il lui faut se mettre à la portée des humbles pour les élever jusqu'à elle, quelle race mieux que la française est capable de se plier aux transactions nécessaires ? Laquelle est plus facile à émouvoir, plus apte à séduire, plus vibrante de sympathie humaine, plus capable de curiosité désintéressée ? Mais surtout, puisque tout le problème de la civilisation se ramène à un problème de conscience, et qu'il s'agit d'éveiller dans les âmes le sentiment de la dignité humaine, quelle nation est mieux préparée à cette haute et difficile mission que celle qui s'est fait un point d'honneur de personnifier, même à ses dépens, la conscience du genre humain ? L'erreur généreuse qu'elle a commise autrefois, lorsque d'un coup de baguette elle croyait transformer l'humanité, n'est-elle pas tout au moins la garantie de son bon vouloir ? Etait-ce autre chose qu'une synthèse prématurée ? et ne fait-elle pas pressentir ce que nous serons capables d'accomplir, le jour où la connaissance pratique des hommes viendra guider les inspirations de notre cœur et tempérer les exigences de notre raison ?

En résumé, la dernière évolution coloniale est singulièrement favorable à la France. Absorbée par ses querelles ou par celles de l'Europe, saignée à blanc, pendant deux siècles, sur tous les champs de bataille, préoccupée d'idées abstraites, elle n'apportait, dans ses entreprises coloniales, ni un dessein suivi, ni la force du nombre : elle a donc été battue par ses rivaux, quand il s'agissait uniquement de peupler les espaces libres. Mais elle reprend son avantage dans la conquête morale des peuples. Que la colonisation devienne idée ; que, non contente de procurer la richesse, elle répande la civilisation ; que le problème économique se colore d'un reflet d'idéal ; qu'on oppose à la brutalité du nombre les forces impondérables de la justice et de la charité : rien n'empêche alors la France de passer au premier rang. Ses antiques traditions l'y poussent, et ses conquêtes récentes le lui permettent. Le champ est préparé : il n'attend plus que la semence.

Lorsque, dans un siècle, on dressera le bilan de cette partie gigantesque dont le globe est l'enjeu, quelle sera la mesure de la puissance ? sera-ce uniquement l'étendue des territoires annexés, ou le nombre des têtes recensées ? Il faudra tenir compte d'un troisième élément : le degré d'attachement des populations soumises. Ce jour-là, notre patrie ne fera pas mauvaise figure. Elle aura dépassé le vœu de Prévost-Paradol. Car il demandait seulement pour elle « une place matérielle et une force physique dignes de son légitime orgueil ; » cette place, elle l'aura conquise ; mais elle y ajoutera mieux encore : une influence morale digne de son génie civilisateur.

ISBN : 978-1981106943

www.ingramcontent.com/pod-product-compliance
Lightning Source LLC
Chambersburg PA
CBHW070751260726
48660CB00007B/3059

9 781981 106943